KAPRIOLEN AM FENSTER

Angelika Kipp

Fensterbilder an Gardinenstangen

W0330505

frechverlag

Von der bekannten Autorin Angelika Kipp sind im frechverlag zahlreiche weitere kreative Titel erschienen.

Hier eine kleine Auswahl:

TOPP 2349

TOPP 2450

TOPP 2435

TOPP 2350

TOPP 2398

TOPP 2405

Zeichnungen: Berthold Kipp
Fotos: frechverlag GmbH + Co. Druck KG, 70499 Stuttgart; Fotostudio Ullrich & Co., Renningen

Dieses Buch enthält: 2 Vorlagenbogen

Materialangaben und Arbeitshinweise in diesem Buch wurden von der Autorin und den Mitarbeitern des Verlags sorgfältig geprüft. Eine Garantie wird jedoch nicht übernommen. Autorin und Verlag können für eventuell auftretende Fehler oder Schäden nicht haftbar gemacht werden. Das Werk und die darin gezeigten Modelle sind urheberrechtlich geschützt. Die Vervielfältigung und Verbreitung ist, außer für private, nicht kommerzielle Zwecke, untersagt und wird zivil- und strafrechtlich verfolgt. Dies gilt insbesondere für eine Verbreitung des Werkes durch Film, Funk und Fernsehen, Fotokopien oder Videoaufzeichnungen sowie für eine gewerbliche Nutzung der gezeigten Modelle.

Auflage: 5. 4. 3. 2. 1. | Letzte Zahlen
Jahr: 2003 2002 2001 2000 1999 | maßgebend

© 1999

frechverlag GmbH + Co. Druck KG, 70499 Stuttgart
ISBN 3-7724-2473-2 · Best.-Nr. 2473
Druck: frechverlag GmbH + Co. Druck KG, 70499 Stuttgart

Am Fenster geht's rund! Völlig neu und zeitgemäß sind diese Fensterbilder, die nicht einfach nur mit dem Faden und Klebeband an der Fensterscheibe befestigt werden, sondern auf unterschiedliche Weise an Gardinenstangen gehängt werden. Denn aktuelle Gardinen werden nun nicht mehr genäht, sondern gebastelt!

So können Sie je nach Jahreszeit, Wunsch oder Geschmack Ihre neuen „Gardinen" ohne großen Kostenaufwand wechseln und liegen dadurch immer voll im Trend.

Ob Schneemänner oder Clowns, knackiges Obst oder bunte Blumen, so mancher Betrachter wird vor Ihrem Fenster stehen bleiben, schmunzeln und staunen. Witzig sind Motive wie die Affen oder Kinder, die an der Gardinenstange herumturnen. Hasen halten sich mit den Ohren an der Stange fest, die Elefanten benutzen dazu den Rüssel.

Sie werden sehen: Diese tollen Motive machen jede Stoffgardine völlig überflüssig. Und Ihre Familie und Freunde werden begeistert sein! Also: Schnell Schere und Papier zur Hand und los geht's!

Viel Spaß beim Basteln
wünscht Ihnen

ANGELIKA KIPP

Arbeitsmaterial und Werkzeug

- Tonkarton (in verschiedenen Farben)
- Regenbogen-Fotokarton
- Füllwatte oder Watte
- Wolle (in verschiedenen Farben)
- Nähgarn
- Geschenkband (in verschiedenen Farben)
- Kleine bunte Pompons, ø 2 cm
- Knöpfe
- Wackelaugen
- Transparentpapier
- Dünne Pappe
- Schere
- Bastelmesser (mit Unterlage)
- Klebstoff, z. B. UHU Alleskleber
- Filzstift in Schwarz
- Nähnadel
- Bleistift
- Locher
- Weicher Radiergummi
- Evtl. Kreisschablone
- Doppelseitiges Klebeband

Tipps und Tricks beim Basteln

Gestaltung des Motivs von der Vorder- und Rückseite

Damit man die Motive sowohl von innen als auch von außen am Fenster sehen kann, sollten sie sowohl von der Vorder- als auch von der Rückseite gearbeitet sein.
Für die Rückseite werden die meisten Teile in doppelter Ausführung benötigt. Sie werden dann nur seitenverkehrt, aber in der gleichen Reihenfolge wie auf der Vorderseite angeordnet.
Bei einigen Motiven ist die Rückseite anders als die Vorderseite gestaltet. Dies erkennen Sie auf den einzelnen Fotos.

Motivhöhe

Damit Sie sich besser vorstellen können, wie hoch Ihre Tonkarton-„Gardinen" werden, ist bei dem jeweiligen Motiv die Höhe angegeben.

Tipps

Mithilfe eines Fotokopierers können Sie die Größe des Motivs Ihrem jeweiligen Fenster anpassen.

Natürlich können Sie je nach Fensterbreite mehr oder weniger Tonkartonmotive aufhängen.

Schritt für Schritt erklärt

So entsteht ein Fensterbild aus Tonkarton:

1 Legen Sie Transparentpapier auf das Motiv auf dem Vorlagenbogen und übertragen Sie mit einem Blei- oder Filzstift alle benötigten Einzelteile ohne Überschneidungen.

2 Kleben Sie das Transparentpapier mit den Zeichnungen auf eine beliebige dünne Pappe und schneiden Sie die Einzelteile sauber heraus. Fertig sind die Schablonen! Mithilfe dieser Schablonen arbeiten Sie die benötigten Einzelteile, indem Sie sie einfach auf Tonkarton der gewünschten Farbe legen, mit einem Bleistift umfahren und dann die einzelnen Teile ausschneiden.

3 Für die Gesichter und die Innenlinien benötigen Sie einen schwarzen Filzstift.
Fügen Sie die Einzelteile zum Motiv zusammen – das Foto und die Vorlage geben hierfür Positionierungshilfen.

So entsteht ein Pompon:

Schneiden Sie den Ring (s. Vorlagenbogen) zweimal aus einer Pappe heraus. Legen Sie die Ringe aufeinander und umwickeln Sie diese mit der entsprechenden Wolle. Allmählich füllt sich der innere Kreis. Wenn die Öffnung zu klein wird, um ein kleines Knäuel Wolle hindurchzustecken, nehmen Sie eine stumpfe Sticknadel zu Hilfe.

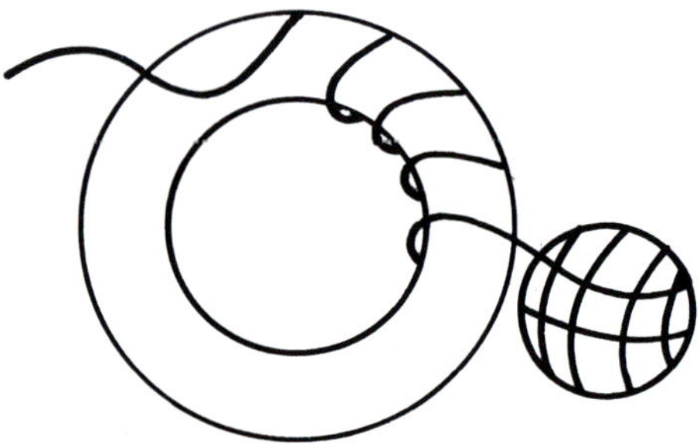

Sind Sie mit dem Umwickeln fertig, zerschneiden Sie mit einer Schere die Wollfäden am Außenrand des Ringes. Dabei entfalten sich die Fäden allmählich zu einem Pompon. Damit diese Fäden Halt bekommen, nehmen Sie einen doppelten Wollfaden derselben Farbe und legen ihn zwischen die beiden nun wieder sichtbar gewordenen Ringe. Verknoten Sie das Band fest. Schneiden Sie die Fäden nicht ab, denn Sie können damit die Bastelarbeiten an der Gardinenstange befestigen.
Nun werden die beiden Pappringe eingeschnitten, die sich dann mühelos von der Wolle entfernen lassen.
Mit einer Schere werden überstehende Fäden angeglichen bzw. der Pompon wird auf die gewünschte Größe gestutzt.

Fertig ist der Pompon!

Kühle Gesellen

Wenn die ersten Schneeflocken am
Himmel tanzen, stehen diese Gesel
vielen Vorgärten. Auch dieses nette
möchte den Winter begrüßen.

Dazu benötigen die drei ihre aufgemalten Augen sowie alle gepunkteten Linien (s. Vorlagenbogen). Kleben Sie die schwarzen Knöpfe auf.
Gegen Väterchen Frost schützen ein wärmender Schal und eine Tonkartonmütze mit dem aufgesetzten Pompon. Der Pompon wird mittig zwischen den Pappteilen der Mütze festgeklebt. Jeder Schneemann wird mit einem Wollfaden, der den Pompon zusammenhält, an die Gardinenstange gebunden.
Die Rückseite muss absolut deckungsgleich bemalt und beklebt werden, da helles Papier durchscheint.
Wie ein Pompon entsteht, ist links beschrieben.

MOTIVHÖHE
mit Pompon
ca. 36 cm

SCHAU MAL, HIER HÄNGEN WIR!

Damit sie nicht von der Stange fallen, zeichnen Sie jedem schnell die Augen, die Ohrstriche und den Mund auf (s. Vorlagenbogen). Die Nase wird aufgeklebt.
Platzieren Sie das fertige Gesichtsteil auf der gelben Haarpracht, den Kragen dahinter. Das Schuhpaar wird aufgeklebt, wobei die kleinen Punkte mithilfe eines Lochers ausgestanzt und dann auf den Schuhen fixiert werden. Jeder Anzug erhält die schmückenden Punkte oder Herzchen. Überstehende Teile werden dabei mit der Schere angeglichen. Ergänzen Sie das Kopfteil.
Die Rückseite wird deckungsgleich zur Vorderseite gearbeitet.

Lustig anzusehen sind diese Clowns, die sich an Ihrer Gardinenstange festhalten.

Zum Schluss kleben Sie die beiden Hände, die sich an der Gardinenstange festhalten, an. Die Handflächen werden über einen runden Bleistift gezogen, damit sie leichter anzubringen sind.
Achtung: Die schraffierte Fläche wird nicht mit Klebstoff bestrichen, da hier die Gardinenstange durchgezogen wird.

TIPP

Da der Durchmesser jeder Stange unterschiedlich ist, probieren Sie zunächst an einer Hand aus, ob die klebefreie Fläche für Ihre Gardinenstange ausreicht. Ansonsten reduzieren Sie einfach die zu beklebende Fläche.

IMMER ZUM SPIELEN AUFGELEGT

Die beiden Kätzchen sind fasziniert von den Wollknäulen, mit denen man toll spielen kann.

MOTIVHÖHE
ca. 28,5 cm

Die beiden verspielten Tiere benötigen jeweils ihre Augen, die Nase und alle gepunkteten Linien (s. Vorlagenbogen), die aufgemalt werden.
Kleben Sie das Fellmuster und die Halsbänder auf. Die Rückseite wird deckungsgleich zur Vorderseite gearbeitet.
Einige Wollknäule werden auf die Gardinenstange gesteckt. Befestigen Sie dann die beiden Kätzchen mithilfe von Fäden an der Stange. Nun kann das Spiel beginnen!

Kunterbunte Clowns

Bei diesem An- und Ausblick bekommt man sofort gute Laune!

Die lustigen Gesellen möchten ihre Augen, die Münder und die Ohrstriche aufgemalt bekommen (s. Vorlagenbogen). Die Nase, die vorderen Haare und der Hut werden von vorn, die hinteren Haare von hinten ergänzt.

Jeder Anzug erhält sein buntes Punktemuster, die Schuhe und die zweiteiligen Schleifen. Überstehende Kreise des Punktemusters werden mit der Schere angeglichen. Verbinden Sie den Kopf mit dem Körper. Lustige Pompons (ø 2 cm) verzieren die Mützen.

Die Rückseite wird deckungsgleich zur Vorderseite gearbeitet.
Mit einem dünnen Wollfaden (zum Pompon passend), der um den oberen Pompon gewickelt wird, werden die Clowns fest mit der Gardinenstange verbunden.

MOTIVHÖHE
ca. 35 cm

Lustige Langohren

Diese Hasen haben ihre langen Ohren gut unter Kontrolle.

Die Gesichter und alle gepunkteten Linien (s. Vorlagenbogen) werden aufgemalt. Die Häschen erhalten ihre Innenohrteile und die geflickten Jacken mit dem Knopf von vorn. Von hinten wird das Jackenteil mit der aufgesetzten Knopfleiste und dem Flicken ergänzt. Ein Schwänzchen aus Füllwatte vervollständigt die Rückansicht. Damit die Ohren

Halt an der Gardinenstange finden, ziehen Sie diese auf der Vorderseite in Pfeilrichtung über einen runden Bleistift. Die Ohren neigen sich dadurch nach vorn. Aus dem Rechteck (s. Vorlagenbogen) fertigen Sie eine kleine Röhre, die Sie Ihrer Gardinenstange anpassen. Kleben Sie die Röhre auf die Markierung der Ohren und befestigen Sie das nach vorn geknickte Ohr darauf.
Schieben Sie die Gardinenstange durch die aufgesetzten Röhren und schon können die Hasen durchs Fenster nach draußen oder in Ihr Heim schauen.

MOTIVHÖHE
mit gestreckten Ohren
ca. 43 cm

Brilli, die Schlange

Nicht nur an den Fenstern von Bücherfans ist die bunte Brillenschlange ein gern gesehener Gast!

Der Körper von Brilli besteht aus Tonkarton, das gepunktete Muster aus Regenbogen-Fotokarton. Diese ungefährliche und liebenswerte Schlangenart erhält ihre aufgemalten Augen, die Nasenöffnungen und das Maul (s. Vorlagenbogen). Der Körper erhält das Punktemuster. Überstehende Kreise werden mit der Schere angeglichen. Der Kopf mit der aufgeklebten Zunge und der Brille wird auf dem Körper befestigt. Schneiden Sie das Rechteck (s. Vorlagenbogen) aus und ziehen Sie es in Pfeilrichtung über einen runden Stift. Kleben Sie es zu einer Röhre zusammen, durch die Ihre Gardinenstange gezogen wird. Passen Sie also den Durchmesser der Röhre der Gardinenstange an. Ziehen Sie die Gardinenstange durch die Öffnung und schlängeln Sie den Körper darüber. Nun werden auf der Rückseite ein zweites beklebtes Kopfteil sowie das Punktemuster ergänzt.

Motivhöhe
ca. 31 cm

Alles für uns!

Bei diesem Anblick schlagen Hundeherzen höher!

Die Schleckermäuler erhalten ihre Augen, die Schnauzen und alle gepunkteten Linien (s. Vorlagenbogen), die aufgezeichnet werden. Legen Sie den beiden die Halsbänder um und ergänzen Sie die Ohren. Die Rückseite wird deckungsgleich zur Vorderseite gearbeitet. Die Hunde werden genauso wie die Knochen an Fäden aufgehängt. Wie lange die Knochen wohl noch dort hängen werden?

Motivhöhe
ca. 31 cm

Gut gelaunte Dickhäuter

Einfach elefantös, was an Ihrem Fenster los ist! Da wird so mancher Besucher staunen!

Malen Sie den Elefanten die Gesichter und alle gepunkteten Linien (s. Vorlagenbogen) auf. Die rote Zunge wird aufgeklebt. Achten Sie darauf, welche Linien und Teile Sie jeweils für die Vorder- und die Rückseite benötigen: Auf der Rückseite werden nur die Ohr- und die Rüsselabtrennungen aufgezeichnet. Die Fußnägel fallen hinten weg. Die Abbildung gibt Ihnen hierfür Hilfestellung.
Von vorn erhält jedes Rüsseltier seine Innenohrteile, die geflickte

Hose und das Hemd, das entweder mit einem Flicken oder Knöpfen besetzt ist. Auf der Rückseite werden ebenfalls eine geflickte Hose, das Schwänzchen und das Hemdteil fixiert.
Ziehen Sie von der Vorderseite aus einen runden Stift über das Rüsselende, sodass sich der Rüssel nach vorne wölbt. Damit die gewichtigen Tiere festen Halt an der Gardinenstange finden, wird aus dem Rechteck (s. Vorlagenbogen) ein Röhrchen geklebt, das Sie dem Durchmesser Ihrer Gardinenstange anpassen. Das fertige Röhrchen wird nun in das gebogene Rüsselende geklebt. Ziehen Sie das fertige Motiv durch die Gardinenstange.
Hoffentlich hält die Stange das Gewicht solch schwergewichtiger Tiere aus!

MOTIVHÖHE
mit ausgestrecktem Rüssel
ca. 46 cm

Bunte Melodien

Diese bunten Vögelchen treffen sich an Ihrem Fenster zur Gesangsstunde.

Fixieren Sie den Schnabel und das Wackelauge (ø 1,8 cm) jeweils beidseitig auf dem Vogelkörper aus Regenbogen-Fotokarton. Das Rechteck (s. Vorlagenbogen) wird ebenfalls aus Regenbogen-Fotokarton geschnitten und in Pfeilrichtung über einen runden Stift gezogen, sodass es sich leicht zu einer Röhre kleben lässt. Den Durchmesser der Röhre passen Sie der jeweiligen Gardinenstange an. Platzieren Sie die Röhre auf der gekennzeichneten Rückseite des Vogels. Nun wird eine weitere Vogelform von hinten ergänzt, wobei Sie die schraffierte Fläche nicht mit Klebstoff versehen sollten. Erst wenn die Vögel auf der Stange sitzen, ergänzen Sie beidseitig die Flügel. Sie geben dem Vogel auf der Stange zusätzlichen Halt.
Die einzelnen Noten aus Regenbogen-Fotokarton werden mit Fäden untereinander an die Gardinenstange gehängt, damit Sie den herrlichen Gesängen lauschen können.

MOTIV-HÖHE
Vogel ca. 20 cm

Duftige Blumen am Fenster

Diese kunterbunten Blumen werden sicher oft bestaunt werden.

Die Blüten erhalten von vorn und hinten ihre leuchtenden Innenblütenteile und schon sind sie fertig. Reihen Sie die Blüten an Fäden zur Girlande auf.
Viele Blütenbänder ergeben eine schöne duftige Gardine.

Motivhöhe
einer Blume ca. 10,5 cm

Wilde Klettereien

Die Affen erhalten ihre Gesichter und alle gepunkteten Linien (s. Vorlagenbogen), die aufgemalt werden. Die geflickten Hemdchen sowie die beigefarbenen Gesichts- und die braunen Maulteile werden aufgeklebt.

Hier ist ganz schön was los! Die ganze Affenbande klettert wild am Fenster herum.

Fixieren Sie bei den beiden äußeren Affen jeweils einen Wollfaden zwischen den beiden Pfotenteilen. Die Fäden werden dann an der Gardinenstange festgebunden. Beim mittleren Äffchen streifen Sie das Schwanzende über einen runden Stift, sodass es sich nach vorn biegt. Aus dem Tonkartonstreifen (s. Vorlagenbogen) fertigen Sie ein Röhrchen, das in das gebogene Schwanzende geklebt wird. Den Durchmesser des Röhrchens passen Sie Ihrer Gardinenstange an.

Die Rückseite arbeiten Sie deckungsgleich zur Vorderseite.

MOTIVHÖHE
der beiden äußeren Affen ca. 35 cm

Ein tolles Plätzchen!

Wenn Tim mal ein wenig Ruhe braucht, ist eine Hängematte genau das Richtige. Da dürfen seine Schmusetiere natürlich nicht fehlen!

Malen Sie die Gesichter und alle gepunkteten Linien (s. Vorlagenbogen) auf. Die Gesichter des Teddys und des Hasen werden auch auf der Rückseite des Motivs aufgemalt. Tims Gesicht wird auf das Haarteil gesetzt und hinter der gepunkteten und geflickten Hängematte fixiert.

Die Punkte sind aus Regenbogen-Fotokarton geschnitten. Die beiden Lieblingstiere von Tim erhalten beidseitig ihre Innenohrteile und werden ebenfalls hinter der Hängematte befestigt. Die Hände des kleinen Jungen werden von vorn ergänzt. Auch auf der Rückseite werden das Kindergesicht und eine weitere Hängematte mit Flicken, Punkten und aufgesetzten kleinen Händen aufgeklebt.
Mit zwei Kordeln wird die Hängematte an der Gardinenstange befestigt. Damit die Bänder nicht verrutschen, kleben Sie ein kleines Stück doppelseitiges Klebeband in die Schlaufe.

Motivhöhe
ohne Aufhängung ca. 21,5 cm

OBSTTAG

Bei diesen leckeren reifen Birnen kann man einfach nicht widerstehen!

Die kleine verfressene Raupe bekommt ihr Gesicht und die gepunktete Linie (s. Vorlagenbogen) aufgezeichnet. Die rote Nase ist aufgesetzt. Nun werden bei dem kleinen Nimmersatt der Kopf und die Füße am Körper fixiert.
Die Birnen aus Regenbogen-Tonkarton erhalten von beiden Seiten ihre vertrockneten Blüten. Der angeklebte Stiel wird so über einen runden Stift gezogen, dass er sich nach hinten wölbt. Kleben Sie den Stiel auf der Rückseite fest. Das schraffierte Feld wird dabei nicht beklebt, da durch diese Schlaufe die Gardinenstange gezogen wird. Nun können von beiden Seiten die Blätter ergänzt werden. An einer Birne macht sich eine kleine Raupe zu schaffen. Einen Teil des Obststücks hat sie bereits verspeist.

MOTIVHÖHE
mit umgeknicktem Stiel ca. 28 cm

Hier geht's rund!

Turnen und schaukeln, das ist die Lieblingsbeschäftigung vieler Kinder.

Für beide Motive gilt:

Zeichnen Sie den Kindern die Gesichter und alle gepunkteten Linien (s. Vorlagenbogen) auf. Die Hosen (mit und ohne Flicken) und die Schuhe werden unter die Hemden mit den aufgesetzten Taschen geklebt. Das Gesichtsteil wird auf das Haarteil gesetzt und am Körper fixiert.

Kind an Ringen:

Kleben Sie die Ringe auf die Arme und darauf das Handpaar. Der Rückseite wird deckungsgleich zur Vorderseite fixiert. Befestigen Sie je ein Geschenkband (1 cm x 21 cm) mit Klebstoff an einem Ring. Dabei wird das Band doppelt gelegt, sodass oben eine Schlaufe entsteht, die Sie auf keinen Fall zukleben dürfen. Hier wird die Gardinenstange durchgezogen.

Kind auf der Schaukel:

Jedes Schaukelseil (je 1 cm x 46 cm) wird doppelt gefaltet, sodass im oberen Bereich eine Schlaufe entsteht, durch die die Gardinenstange gezogen wird. Der untere Teil des Bandes wird

zwischen zwei Schaukelteilen befestigt. Fixieren Sie das Kind an der fertigen Schaukel.
Die Rückseite wird deckungsgleich zur Vorderseite aufgeklebt.

MOTIVHÖHEN:
Kind an Ringen (ohne Aufhängung) ca. 28,5 cm
Kind auf Schaukel (ohne Aufhängung) ca. 21 cm

Teddybären an der Stange

Diese Teddybären haben Hosenträger, die eine ganze Menge aushalten!

Zeichnen Sie den Bären die Nasen, die Münder und die Krallen auf. Alle Tiere erhalten ihre Hosen mit dem Flicken oder dem Herzchen sowie die Innenohrteile und die Pfoten. Streichen Sie die Hosenträger aus Ton-

karton über eine Tischkante, damit sie sich leicht biegen lassen. Nachdem die Bären auch die Hose von der Rückseite erhalten haben, platzieren Sie die einzelnen Hosenträger. Dabei entsteht im oberen Bereich eine Schlaufe. An dieser Schlaufe dürfen die Träger nicht zusammengeklebt werden, da hier die Gardinenstange durchgezogen wird. Erst jetzt wird das fertig zusammengefügte Kopfteil mit den Wackelaugen (ø 2,2 cm) von vorn und von hinten platziert. Schwarze Knöpfe (ø 2,6 cm) verbinden die Träger mit der Hose.
Nun können Sie die Bären in Reihen an Ihr Fenster hängen.

MOTIVHÖHE
mit Hosenträgern ca. 37 cm

PINGUINTREFF

Bei diesem großen Treff erfährt man das Neueste aus dem Pinguinland.

Jedes der neugierigen Tiere benötigt sein aufgemaltes Auge und alle gepunkteten Linien (s. Vorlagenbogen). Ziehen Sie allen ihre typischen Fräcke über und kleben Sie die Watschelfüße sowie die Schnäbel auf. Gegen die eisige Kälte schützen Schal und Mütze.

Bevor Sie den Pompon ergänzen, wird die Rückseite deckungsgleich zur Vorderseite aufgeklebt.
Der Pompon wird wie auf Seite 6 beschrieben angefertigt.
Kleben Sie die Tonkartonmütze wie auf der Abbildung in das Wollknäuel. Mit den überstehenden Fäden des Pompons werden diese lustigen Pinguine an der Gardinenstange befestigt.

MOTIVHÖHE
mit Pompon
ca. 35 cm

Nikolaus und Co.

Um den diesjährigen Weihnachtsstress besser zu bewältigen, hat der Nikolaus Hilfskräfte angefordert.

Das Gesicht und alle gepunkteten Linien (s. Vorlagenbogen) werden aufgemalt; die Nasen aus Tonkarton sind aufgesetzt. Der Mantel wird von einem zweiteiligen Gürtel zusammengehalten. Fixieren Sie das Gesicht und bekleben Sie die aufgebrachten Mantelfelle sowie das Bart- und das Mützenteil mit ein wenig Füllwatte.

Bevor der Mützenpompon aufgesetzt wird, wird der Pompon mit einer Lasche (s. Vorlagenbogen) versehen. Geben Sie nur auf die schraffierten Stellen Klebstoff, um eine Öffnung zu erhalten, durch die die Gardinenstange gesteckt wird. Erst jetzt wird der Pompon an der Mütze fixiert und mit Watte beklebt. Die Rückseite wird deckungsgleich zur Vorderseite gearbeitet. Kleine Sternenbänder verbreiten weihnachtliche Stimmung.

Motivhöhe
ca. 43 cm